LETTRE
DES SOCIÉTAIRES
PRÉTENDUS RÉVOLTÉS,

Du Théâtre Royal

DE L'OPÉRA-COMIQUE,

A MONSIEUR

GUILBERT DE PIXÉRÉCOURT,

DIRECTEUR DU MÊME THÉATRE.

PARIS.
IMPRIMERIE DE H. FOURNIER,
RUE DE SEINE, N° 14.
1827.

LETTRE
DES SOCIÉTAIRES,

PRÉTENDUS RÉVOLTÉS,

DU THÉATRE ROYAL DE L'OPÉRA-COMIQUE,

A M. GUILBERT DE PIXÉRÉCOURT,
DIRECTEUR DU MÊME THÉATRE.

Paris, 3 août 1827.

MONSIEUR,

Vous triomphez! Rien ne manque même à l'éclat de votre victoire; semblable aux conquérans, vous n'avez pas eu besoin d'invoquer vos droits pour annuler des traités, pour vous emparer de notre bien, pour nous dépouiller, en un mot. Nous sommes proscrits; la terre qui nous a vu naître ne doit point nous donner asile; l'eau et le feu nous sont interdits; et pour tout cela il vous a suffi de le vouloir; il n'a fallu que votre force; il semble même qu'en nous laissant la vie, vous usez d'indulgence. Vraiment, nous vous admirons: vous êtes un foudre de guerre.

Trop certain de votre puissance pour craindre et nos clameurs et les cris d'indignation qui devaient s'élever de toutes parts contre vos envahissemens et la brutalité de votre despotisme, vous eussiez également dédaigné les attaques qu'on aurait pu diriger contre vous, ou les secours qu'on aurait voulu vous porter. Mais admirez comme la fortune seconde votre génie; voici venir un journaliste, connu par l'indépendance et la libéralité de sa plume, qui, malgré vous, nous insulte quotidiennement en même temps qu'il vous exalte; et voilà que la censure, soigneuse de votre honneur, fait jouer ses ciseaux sur tous les plaidoyers que les autres écrivent en notre faveur. Certes, ce n'est pas vous qu'on peut soupçonner de solliciter ces choses-là! vous avez trop de logique pour croire que, fussions-nous aussi dépourvus de talent que l'affirme l'honnête journaliste en question, ce serait un motif suffisant pour nous traiter en esclaves. On n'a point encore admis qu'on pût chasser un homme de chez lui parce qu'il est imbécille. D'ailleurs, pourquoi chercher des raisons? il est bien plus digne de vous que ce soit sous votre bon plaisir que nous n'ayons plus de pain. Il n'y a que des lâches qui cherchent à colorer leurs iniquités. Quant à la censure, nous sommes si loin de vous soupçonner d'avoir réclamé son assistance, que nous sommes convaincus du regret que vous éprouvez de ne pas savoir ce qu'on pense et ce qu'on voudrait dire, ne fût-ce que par curiosité. Hé bien, Monsieur, cette jouissance, nous avons voulu vous la procurer, et nous n'avons rien négligé pour rassembler les rognures qui vous concernent comme nous. Nous vous les adressons; vous y verrez que le coup d'état de l'Opéra-Comique, qui serait risible s'il n'était déplorable, trouve peu de partisans; que nous ne sommes pas si abandonnés que vos amis voudraient le faire croire, et qu'un spoliateur est toujours odieux. Vous y verrez aussi jusqu'où va pour vous la sollicitude des *porte-ciseaux* : les articles les plus bénins, les moins offensifs n'ont pu trouver grace devant ces terribles découpeurs, dès qu'il a été question de vous; vous êtes l'arche que nul ne peut toucher. Tout vous est une offense; on dirait que votre nom seul est une injure. Jugez vous-même.

Première rognure du Journal des Débats.

A Feydeau on se dispute, et on ne s'occupe nullement de monter des ouvrages nouveaux; il n'est question que d'ordonnances, de réglemens, de dissolution de société, de pouvoir absolu, de droits violés, de propriétés confisquées, selon le *bon plaisir;* enfin, de tous ces éternels sujets de querelles entre le peuple et les rois, entre les administrateurs et les administrés, ne comprendra-t-on jamais qu'en tout genre, et particulièrement en fait de théâtre, le public ne sera jamais bien servi que par la liberté et la concurrence de l'intérêt particulier!

Vous le voyez, Monsieur, il n'était pas même question de vous directement dans ce peu de lignes; mais comme on ne peut ignorer que rien ne se fait en ce qui nous concerne sans avoir été dirigé ou conseillé par vous, l'article n'a pu passer.

Celui du *Constitutionnel* était plus positif : le voici.

Le Constitutionnel a donné hier, avec quelque raison, le nom de *lit de justice* à une séance extraordinaire dans laquelle un puissant duc, revêtu de son uniforme d'officier général, paré des insignes de son grade et de son cordon bleu, ayant à sa droite M. le directeur Guilbert de Pixérécourt ; à sa gauche, M. le secrétaire de ses commandemens ; à son ordre, un Suisse avec sa hallebarde, son baudrier et son épée, et tous ses valets de pied en grande livrée, a reçu les comédiens et les comédiennes de Feydeau. Après une courte et sévère harangue, prononcée assis dans son fauteuil ducal, M. le duc a chargé son chancelier de dire le reste ; et, prenant la parole, M. le directeur de Pixérécourt a lu le reste, qui n'est pas peu de chose, car c'est une ordonnance royale fort étendue à l'endroit des sociétaires de Feydeau.

(Rognure du *Constitutionnel*.)

Si vous avez bonne mémoire, Monsieur, vous conviendrez que la petite comédie que nous avons jouée n'est pas mal rendue dans ce badinage. Cependant, bien que vous y soyez représenté en assez bonne posture, et quoiqu'on n'y parle pas de la question principale, il fallut encore que le journaliste n'eût que son prote pour lecteur. Il ne fut pas mieux traité lorsqu'il essaya de parler le langage sévère de la raison et de l'équité.

Autre rognure du Constitutionnel, n° 2.

— Douze sociétaires du théâtre de l'Opéra-Comique, se prétendant blessés dans leurs droits, consacrés par un traité de société, ont annoncé l'intention de se retirer, et déjà leurs noms ne figurent plus sur les affiches du théâtre. Un mémoire respectueux va être adressé par eux à l'autorité, qu'ils déclarent avoir été surprise par des rapports infidèles et passionnés.

Si, comme nous devons le croire, il est permis de parler d'affaires de comédie, qui, ce nous semble, n'ont aucun rapport avec les affaires d'état, nous ferons observer que les dispositions de la nouvelle ordonnance publiée par les journaux, sont destructives de droits acquis, et qu'elles ne portent pas ce caractère de justice et de modération qui n'est pas à dédaigner, même dans les coulisses.

Nous nous rappelons qu'il y a dix-huit mois, *les sociétaires* de Feydeau demandèrent des comptes de *société*, et qu'on leur répondit que cela ne les regardait pas; qu'en fait de comptabilité, ils devaient avoir une foi aveugle, et s'en rapporter à la munificence et à la probité des gérans officiels. « J'ai sauvé « l'Opéra-Comique; montons au Capitole, et rendons grace « aux Dieux. » Telle fut la fin de non-recevoir des Scipions de comédie.

Aujourd'hui, on tranche le nœud gordien : il n'y aura plus de société, et on ne devra plus de compte. Les sociétaires ne sont plus des associés, ce n'est qu'un vain titre, qu'un hochet de théâtre, que donne et retire le caprice. La république chantante est soumise à une dictature dans le genre de celle d'Alger; on peut être *expulsé*, et quand on aura encouru la colère d'un homme qui, s'il est au-dessus de la passion, n'est certainement pas au-dessus de l'erreur, on sera puni de la confiscation de ses fonds de retenue, véritable propriété aussi sacrée que celle d'un champ ou d'une maison, puisqu'elle est prise sur le produit du travail; mais on sera même condamné à la confiscation de son talent; on ne pourra jouer sur aucun théâtre de France; chanter dans aucun concert; on sera condamné à la misère, à la soif, à la faim.

Nous n'ignorons pas qu'il est difficile de gouverner des états comiques; qu'il y faut plus qu'ailleurs une discipline sévère; mais la fermeté n'est point la violence, l'arbitraire n'est point la justice. Si les comédiens ont des passions ardentes, des prétentions exagérées, ce ne sont point des *parias*. On s'appitoie justement sur le sort des nègres; il faudrait ne pas traiter de même des gens qui contribuent à nos plaisirs, qui sont hommes, qui sont citoyens, qui sont aptes à être jurés, électeurs, et qui, s'ils doivent être assujétis à des règles sévères dans leurs rapports avec le public, ont droit, dans la gestion de leurs intérêts privés, à la protection commune.

Il y a dans les nouvelles dispositions dont ils se plaignent quelque chose de colère, de sauvage, de brutal, qui n'est pas dans les mœurs d'un pays policé.

Le *Courrier français*, plus précis dans les faits, fut également forcé de garder le silence. Il disait :

Rognure du Courrier français.

THÉATRE DE L'OPÉRA-COMIQUE.

Tout ce qui ressemble au despotisme nous déplaît; nous ne pouvons donc pas approuver le petit coup d'état qui vient de dissoudre, pour ainsi dire, la société de Feydeau. Les comédiens faisaient entendre des plaintes, il fallait les écouter. Ils articulaient des griefs contre leur directeur; ces griefs devaien^t être examinés. Nous ne sommes plus en 1775 : les acteurs se trouvaient alors hors du droit commun; le premier gentilhomme de la chambre les envoyait au Fort-l'Évêque, comme un premier ministre envoyait les écrivains à la Bastille. Cet état de choses n'existe plus, au grand regret sans doute des partisans du *bon plaisir*. Mais enfin aujourd'hui tous les citoyens sont égaux devant la loi : elle protège tous les contrats. Celui qui lie les sociétaires de Feydeau a subi des modifications qu'eux-mêmes ont demandées. Ils ont consenti à ce qu'on leur donnât un maître ; mais sous la condition que ce maître, qu'on appelle *directeur*, respecterait les bases fondamentales de l'acte social. Les respecte-t-il ? administre-t-il dans l'intérêt général ? Voilà toute la question. Elle n'est pas résolue, puisqu'elle n'a pas été débattue. Pour toute réponse à leurs réclamations, on leur a lu une ordonnance en vertu de laquelle le directeur est investi des pouvoirs les plus étendus ; le nombre des sociétaires est réduit à dix, et les assemblées du répertoire sont supprimées ; en un mot, on condamne les comédiens à l'obéissance passive. C'est leur fermer la bouche ; mais, encore une fois, ce n'est pas répondre à leurs plaintes, qui pouvaient n'être pas fondées, mais qu'on aurait mieux fait cesser en les examinant avec calme. Mécontens d'avoir été jugés sans avoir été entendus, onze sociétaires ont donné, dit-on, leur démission. Le théâtre en ira-t-il mieux ? Nous ne le pensons pas.

Il n'y a rien dans tout cela qui ne soit conforme à la plus exacte vérité ; car, vous ne l'avez point oublié, vos impolitesses, vos brusqueries, vos injustices même, nous avions tout supporté, tout pardonné. L'origine des différens qui se sont élevés entre nous ne remonte qu'au moment où, au mépris de conventions stipulées et des termes de l'ordonnance de 1824, vous avez refusé de soumettre à notre contrôle les comptes d'une année productive, et où vous avez mieux aimé accepter la réputation équivoque qui s'attache au comptable cachant sa gestion, que de céder à nos instances. Telles sont, Monsieur, les conséquences d'une pareille faute, que le souvenir ne s'en effacera pas et qu'il vous poursuivra sans cesse, quel que soit le témoignage de votre conscience. Il ne suffit pas que nos mains soient pures, il faut qu'elles le paraissent aux yeux du monde.

Écoutez le langage d'un journal connu par sa modération et sa sagesse.

Rognures du Journal des Débats *du 24 juillet dernier.*

CHRONIQUE MUSICALE.

Une ordonnance du 17 de ce mois, contresignée on ne dit pas par qui, vient de faire cesser les chants du plus grand nombre des virtuoses de l'Opéra-Comique. Une lettre signée par MM. Huet, Ponchard, Lafeuillade, Valère, Chollet, A. Féréol; et par Mmes Boulanger, Rigaut, Ponchard, Z. Prévost, E. Colon, nous a été adressée à ce sujet.

Cette lettre nous donne connaissance des réclamations formées par les signataires auprès de l'autorité, pour l'exécution de l'ordonnance de 1824, violée par le directeur, dont ils demandent le changement. Ils se plaignent de ce qu'on les accuse ouvertement de vouloir ressaisir la portion de leurs droits qu'ils ont abandonnée de leur gré, et prient le public, dont ils ont reçu si souvent des preuves d'indulgence et de bonté, de suspendre son jugement à leur égard jusqu'au moment où ils auront pu lui faire apprécier leur réserve respectueuse et la légitimité de leurs plaintes. Une publication devenue nécessaire fera connaître l'ensemble et les détails de cette affaire. Ils certifient qu'ils ont rempli les obligations que leur acte de société et l'ordonnance de 1814 leur imposaient; qu'il est vrai qu'on leur a lu une ordonnance, mais sans la leur notifier de manière à ce qu'ils pussent en apprécier les dispositions et consulter sur le droit qu'ils ont de réclamer le maintien d'un acte reçu par un notaire.

En attendant, et jusqu'à ce qu'ils aient eu communication

régulière du nouvel acte, et sauf toutes les voies légales d'opposition et de pourvoi qui peuvent leur appartenir, la force d'inertie et de protestation est le seul moyen qui leur reste de constater l'oppression qui les menace.

Le préambule de l'ordonnance du 17 juillet porte que l'administration actuelle a dirigé le théâtre de l'Opéra-Comique de la manière la plus satisfaisante, et qu'elle a placé la musique française dans un rang distingué. Nous devons le croire; mais, en vérité, nous ne nous en doutions pas. —Le directeur est investi des pouvoirs les plus étendus.—Les assemblées de répertoire sont supprimées. — Le directeur est chargé de la composition du répertoire.—Les comédiens sont divisés en trois classes, savoir: les sociétaires, les pensionnaires, et les acteurs à l'essai. — La qualité de sociétaire ne confère aucun droit de s'immiscer dans la gestion et administration du théâtre, sous quelque rapport que ce soit.

De sorte que les sociétaires n'auront d'autre souci que de travailler avec zèle, de se rendre agréables au public, d'enrichir la société; le reste doit leur être tout-à-fait étranger. Ils ne doivent lire que dans leurs rôles, et jamais dans les partitions du caissier. Les sociétaires sont réduits à dix, et leur qualité cesse après quinze ans de services effectifs. Leur part entière sera de 8,000 fr., plus les feux de 24 fr. que M. le premier gentilhomme de la chambre du Roi, chargé de la haute administration du théâtre, accordera aussi aux pensionnaires quand il le jugera convenable, et, comme le dit la chanson de Mme Gail, *sous vot' bon plaisir, Monseigneur*. Les coalitions qui forceraient à faire relâche seront punies d'une amende de 2,000 fr. par jour, qui sera prélevée sur les appointemens du mois, et versée dans la caisse générale.

Je ne puis rapporter ici toutes les dispositions de cette ordonnance, qui est la loi d'amour et de justice de l'Opéra-Comique. J'arrive à la dernière : Tout sociétaire expulsé perdra ses retenues, improprement appelées *fonds sociaux*, ses droits à la pension, les places qu'il aurait dans les établissemens royaux, et ne pourra jouer sur aucun théâtre du royaume. M. de Pixérécourt aurait pu être plus laconique, en mettant tout bonnement : *Sera fusillé*. Mais on ne fusille pas pour cela; n'importe! il y a commencement à tout. Un cocher peut être expulsé de chez son patron, et trouver aussitôt une place dans l'hôtel voisin; et un artiste, recommandable par ses qualités personnelles et son talent, est obligé de renoncer à sa patrie, à son état, à sa fortune, parce qu'il aura déplu à un directeur de spectacles! Si les sociétaires sont réduits à dix; si dans quatre ans une nouvelle société succède à la première, les pensions acquises auront-elles une garantie suffisante? Nous reviendrons sur cette affaire importante quand elle sera discutée devant les tribunaux, où l'on décidera si une ordonnance peut porter atteinte aux droits de la propriété.

Pourquoi le gouvernement s'obstine-t-il à donner des soins aux théâtres de Paris, à leur accorder de prétendus secours, que les conditions onéreuses dont ils sont accompagnés rendent inutiles, nuisibles même. Pourquoi ne pas laisser le commerce des hémistiches et des doubles croches dans une entière liberté, sans secours, mais sans impôts. Est-il rien de plus absurde que de donner d'une main ce que l'on enlève de l'autre? Le théâtre de l'Opéra-Comique reçoit du ministère de la Maison du roi une subvention de 150,000 fr. Le prélèvement du dixième des recettes pour la caisse des indigens s'est élevé quelquefois à plus de 100,000 fr. au même théâtre. C'est donc pour une misérable somme de 40 à 50,000 f. que le ministère accorde et qui représente la recette de vingt jours, qu'une administration aussi importante que celle de l'Opéra-Comique doit être soumise à tous les désagrémens d'une régie étrangère, à toutes les tracasseries des moindres employés des bureaux!

En attendant que l'on accorde à nos théâtres cette liberté si désirée par les véritables amis des arts, je fais des vœux pour que les sociétaires de l'Opéra-Comique soient maîtres chez eux, malgré le tort immense que la retraite d'un directeur aussi habile et aussi aimable que celui qu'ils ont le bonheur de posséder, pourrait faire à la musique française, et je suis tout prêt à prendre la défense des intérêts de M. de Pixérécourt, si jamais une ordonnance prétend le troubler dans sa propriété du théâtre de la Gaîté, où il a moissonné tant de lauriers, et à la prospérité duquel il aurait bien dû se consacrer exclusivement. X. X. X.

Ce qu'il y a de plus fâcheux pour vous, c'est que, à tort ou à raison, l'on vous accuse d'employer votre crédit pour rendre notre défense impossible, dans l'état actuel des choses. On va même jusqu'à assurer que vous vous en vantez. Un article retranché par la censure dans le *Mercure du* XIXe *siècle*, s'exprimait positivement à cet égard en ces termes :

« Désespérant de gagner des littérateurs indépendans, on
« cherche à leur faire garder le silence; on prétend que M. le
« directeur, retranché derrière un haut patronage, se vante
« de faire expirer les mots sous notre plume; il a assez de
« puissance pour faire de toutes nos attaques un *telum imbelle*
« *sine ictû*. Je ne me laisserai point prendre à ce leurre. Le
« pouvoir qui a permis l'attaque se doit à lui-même de per-
« mettre la défense. »

Ce qui pourrait faire croire à la réalité de ces accusations, si l'on connaissait moins votre éloignement pour les moyens vils, ce serait la réprobation dont les articles les moins entachés d'attaques personnelles ont été frappés. Croirait-on, par exemple, que des journaux de littérature et d'arts n'ont pu faire passer les articles suivans.

Une des rognures de la Pandore.

THÉATRE ROYAL DE L'OPÉRA-COMIQUE.

La soirée aux sifflets.

Le public est en hostilités ouvertes avec l'Opéra-Comique. Depuis quelques jours des sifflets nombreux troublent les représentations et les rendent insupportables. Le public a tort et raison ; tort, parce qu'il fait tomber sa colère sur des gens qui ne peuvent mais, pour la plupart, de l'état présent des choses ; raison, parce qu'on l'ennuie, et qu'il ne paie pas à la porte pour être ennuyé.

Poursuivi sans cesse par ce fou de Murville, qui pousse des hurlemens affreux en cherchant *sa Clarisse*[1] ; fatigué de ce Croquemitaine d'Alberti, qui a transformé en une salle de prévôté ou d'inquisition une des caves de son château, pour y faire souffrir, languir et mourir la tendre et dolente *Camille*[2] ; régalé périodiquement des mauvaises plaisanteries du *Valincourt* de M. Sewrin, pour qui la régie a une tendresse toute particulière[3] ; privé des chanteurs qu'il aime, et obligé d'écouter des gaillards qui n'ont jamais chanté, ou des jeunes gens qui ne chantent encore bien qu'en espérance, que faut-il que fasse le public ? S'abstenir de paraître à Feydeau, ou siffler ? Siffler n'est pas de bon goût ; ne pas venir au spectacle vaudrait mieux.

Mais ne plus venir au spectacle quand on a payé cent écus le

---

(1) Le Délire.
(2) Camille ou le Souterrain.
(3) L'Homme sans façons.

droit d'y aller tous les jours, quand on a des quarts de loges ou des loges entières, c'est un sacrifice que nulle décision administrative ne peut contraindre à faire.

Quand on est habitué de Feydeau, on y veut pouvoir aller passer une heure avec agrément ; on veut entendre Ponchard, Chollet, Mmes Rigaut, Boulanger et Prévost ; si les choses s'arrangent pour qu'on ne les entende pas, on est mécontent, et l'on proteste par des sifflets contre leur absence. Assurément c'est fâcheux pour les acteurs qui remboursent les sifflets, mais cela ne peut guère être autrement. Les pensionnaires ne sont pas plus mauvais qu'ils ne l'étaient il y a huit jours ; mais il y a huit jours qu'à côté d'eux on pouvait voir des acteurs qu'on estime, et aujourd'hui on les cherche en vain.

Cet état de trouble et de malaise nuira beaucoup aux intérêts de l'Opéra-Comique. On ne forme guère des artistes avec des sifflets ; de jeunes acteurs, qui commençaient leur carrière sous les auspices si flatteurs de la faveur publique, avaient de l'émulation ; chaque jours les avançait un peu ; ils faisaient des progrès ; la désapprobation dont ils sont les victimes, plutôt que les objets, les découragera, et l'administration, qui a fait sonner bien haut sa bienveillance pour les pensionnaires, aura paralysé pour long-temps leurs moyens et tué le théâtre dans son avenir. Dix soirées comme celle d'avant-hier, et il n'y aura pas un de ces malheureux à qui le régisseur fait signification de faire face aux sifflets, sous peine d'amende et du reste, qui consente à jouer, ou même qui le puisse.

C'était mercredi soir un autre massacre des innocens.

Tilly, qui jouait le sénéchal de *Jean de Paris*, a été sifflé après son air, qu'il avait cependant assez bien chanté.

Mlle Ots représentait le page. Intimidée par les dispositions de la salle, elle a fait entendre quelques sons douteux, et on l'a punie avec une rigueur extrême.

Lemonnier a été sifflé pendant qu'il débitait son air du second acte; ce n'est pas qu'il le dit plus mal qu'à l'ordinaire, mais sans doute on désirait Ponchard, le meilleur chanteur français, qui fait la gloire de l'Opéra-Comique, et qui a trouvé grace devant les dilettanti les plus infatués d'italianisme. Lemonnier ne s'accoutumera pas au traitement qu'il a enduré, et nous le concevons très bien ; que fera-t-il cependant ? refusera-t-il de jouer ? il sera passible des peines décrétées par le pouvoir; sifflé injustement, quittera-t-il la scène ? il ne pourra le faire impunément, bien qu'il soit dans les affections du directeur. On le traitera comme Mme Ponchard, et si le régisseur fait un rapport dans lequel il est établi que M. Lemonnier n'a pu résister aux sévères admonestations du parterre, on chassera le régisseur, et Lemonnier ira tardivement au camp des Volsques.

Mlle Bousigues a été épargnée; cette jeune personne rend beaucoup de services à l'administration, maintenant que Mme Rigaut et Mlle Prévost sont absentes; elle est très gentille, elle a du naturel, de la grace, de l'intelligence, mais elle chante faux, et les personnes qu'elle remplace chantent toujours juste et souvent fort bien.

Il faut que Feydeau recrute des acteurs à succès s'il veut vivre; il faut qu'il trouve des artistes avoués par le public : ce n'est pas chose aisée. Martin, Chenard, Lesage, Mme Gontier et Mlle Colombe vont rentrer, dit-on; c'est fort brave; mais où sont les hommes pour les porter en avant.

Rognures de la Revue Musicale.

La crise de l'Opéra-Comique est fort sérieuse, et ne paraît pas pouvoir se terminer par un arrangement à l'amiable. On se rappelle qu'au printemps de 1826, de vives discussions se sont élevées entre les sociétaires et le directeur de ce théâtre, au sujet des comptes de l'année que le directeur refusait de soumettre au contrôle de la société; des bruits injurieux s'étaient répandus dans le monde; par représailles, des acteurs avaient été exclus du théâtre; enfin une espèce de trève avait été conclue, et l'on vivait dans un état d'observation. De nouveaux sujets de dissension, joints aux premiers griefs, ont rallumé la guerre entre les acteurs et M. de Pixérécourt; il en est résulté une ordonnance qui dépouille les sociétaires des droits qu'ils tenaient de leur acte de société. Par une singularité remarquable, l'ordonnance reconnaît l'existence de cet acte, et sa validité jusqu'en 1831, et néanmoins elle en change et modifie les clauses. On avait cru jusqu'ici qu'aucune puissance humaine ne pouvait annuler ni modifier un acte contracté de bonne foi, et conformément aux lois existantes. Quoi qu'il en soit, onze sociétaires, qui sont: Huet, Ponchard, Lafeuillade, Chollet, Féréol, Valère; et Mmes Boulanger, Rigaut, Prévost, Ponchard et Colon, ont donné leur démission, en déclarant qu'ils pourraient accéder à l'ordonnance, mais qu'ils demandaient préalablement à M. le duc d'Aumont le renvoi de leur directeur actuel, M. Guilbert de Pixérécourt. Il est difficile de prévoir la fin de tout ceci. Quant au moment présent les acteurs qui viennent d'être nommés ayant cessé de jouer, le répertoire se trouve arrêté presque en totalité, et les études sont suspendues.

Il serait inutile de pousser plus loin les citations; ce que nous venons de rapporter suffit pour vous démontrer que les hommes les plus recommandables ont plaidé notre cause, et qu'on ne peut imputer à l'indifférence le silence qu'on les a contraints à garder. Organes de l'opinion publique qui protège les opprimés contre les oppresseurs, ces hommes courageux ont écrit la vérité, mais n'ont pu la dire. De nobles, d'éloquens écrivains [1] n'ont pas même dédaigné de nous prêter le secours de leur style enchanteur. Et pourquoi ce concours unanime? Pourquoi, Monsieur? parce que la violence révolte un peuple libre ou digne de l'être, et fait naître des préventions favorables pour celui qui en est la victime. Quiconque marche dans le droit n'a pas besoin d'y avoir recours. Vos amis eux-mêmes, si vous en avez, seront forcés de vous abandonner, car la violence ne s'arrête pas; elle finit toujours par être aussi ridicule qu'elle est odieuse. A vos iniquités d'hier succéderont celles de demain, parce que nous vous résisterons, et que notre résistance vous irritera. Qu'en résultera-t-il enfin? qu'on reconnaîtra, mais trop tard, que vous avez trompé l'autorité, abusé de sa confiance, et que vous l'avez compromise.

Mais quand nous n'aurons plus rien à redouter, quand notre ruine sera consommée, qui vous dit que notre patience ira jusqu'à renfermer pour toujours dans notre sein des accusations terribles qui pourraient faire frémir nos imprudens ennemis? Songez-y; vous devez nous entendre!

(1) MM. le vicomte de Chateaubriant et de Salvandy.

Huet, Ponchard, A. Féréol, Lafeuillade, Valère, Chollet;

Mmes Boulanger, Rigaut, Ponchard, Z. Prévost, E. Colon.